DE LA PRÉSIDENCE DE LA RÉPUBLIQUE.

IMPRIMERIE CENTRALE DE NAPOLÉON CHAIX ET Cie, RUE BERGÈRE, 20.

DE LA
PRÉSIDENCE
DE LA
RÉPUBLIQUE

PAR ALEXANDRE LAYA,

Avocat à la Cour d'appel de Paris.

Res publica.....

EN VENTE

CHEZ MARTINON, LIBRAIRE, RUE DU COQ-SAINT-HONORÉ;

ET CHEZ TOUS LES LIBRAIRES.

1848.

INTRODUCTION.

AU GÉNÉRAL CAVAIGNAC.

GÉNÉRAL,

Je vous dédie ce livre.

Sans avoir l'honneur d'être connu de vous, je crois de mon devoir d'apporter le tribut de ma conscience à l'examen de vos droits à la présidence.

Vous avez sauvé la République.

Il est équitable de vous donner l'autorité nécessaire pour l'affermir.

A ceux qui veulent l'organisation et le maintien de la démocratie, vous offrez toute garantie, étant un républicain constant, énergique et désintéressé.

J'en appelle aux hommes honnêtes et sérieux, ne m'occupant en aucune façon des mauvais citoyens, des intrigants ou des hommes passionnés; j'en appelle à ceux qui liront ce livre: en vous nommant, on est assuré de faire un acte de reconnaissance et de salut public.

SALUT ET FRATERNITÉ.

AU REPRÉSENTANT LOUIS-NAPOLÉON.

Citoyen Représentant,

De deux choses l'une :

Ou vous êtes un empereur déguisé ;

Ou bien vous êtes un républicain sincère.

Dans le premier cas, la France ne peut vous nommer président de la République sans se déshonorer aux yeux du monde.

Dans le second, faites vos preuves ; et comme à tous les citoyens de la démocratie française, l'avenir vous appartient.

SALUT ET FRATERNITÉ.

AUX RÉPUBLICAINS MODÉRÉS.

Du suffrage universel. — Du devoir de voter, et de la nécessité politique de nommer pour le premier Président de la République LE GÉNÉRAL CAVAIGNAC.

La Constitution est votée.

Le premier acte que la France doit accomplir contient pour elle la question de son honneur tout entier.

L'Europe, le monde, attendent le 10 décembre avec anxiété. Il s'agit, pour la France, de consolider ou de détruire l'œuvre de sa Révolution ; de faire une conquête plus difficile que toutes celles qu'elle a faites avec les armes, la conquête de l'estime universelle par l'énergie de la raison et du bon sens.

« Les Saxons, disait Alfred le Grand, forment une nation qui sait se gouverner elle-même ; les Gaulois, un peuple qui a besoin d'être gouverné par les mains d'un homme. »

La France veut-elle laisser peser sur elle cette réputation d'être un peuple d'enfants? Ou plutôt, les épreuves successives de ces *gouvernements électifs* qu'elle a subies depuis tant d'années, n'ont-elle pas modifié ce caractère que l'enthousiasme rendait frivole ? L'ère de son émancipation, son âge de raison politique, ne sont-ils pas enfin venus ?

Il faudrait désespérer de la France, de son avenir, de son honneur, s'il fallait croire que le grand acte qu'elle doit accomplir aujourd'hui sera le produit d'une intrigue, une spéculation sur l'ignorance.

Nous sommes partisans du suffrage universel, non pas comme les légitimistes, qui, forts de leur puissance territoriale, n'ont appelé de leurs vœux cette grande expression de la volonté populaire que pour imposer aux habitants de leurs domaines un rôle de vassaux, et substituer la domination du nombre à celle de l'intelligence ;

Non pas, comme ces ambitieux éphémères qui spéculent sur un nom, sur une gloire, et qui voudraient évoquer la grande armée tout entière, ensevelie dans ses souvenirs, et lui faire porter, par surprise, ses votes innombrables sur un hochet impérial.. ...... le fit-on passer pour son empereur en personne !

Pour nous, le suffrage universel, comme tous les droits, impose un devoir ; pour nous, le suffrage universel doit être un appel fait à la conscience *éclairée* de tous les citoyens ; et lorsqu'il s'agit, comme en ce moment, de voter l'avenir de son pays, tout citoyen doit employer sans réserve, et avec une franchise entière, sa part d'influence, si modeste qu'elle puisse être, pour guider les aveugles, pour instruire les ignorants.

Le choix du candidat est une question de probité. Ce sera, pour l'histoire de notre pays, une triste page à faire lire, un jour, que l'escamotage qui se prépare sous nos yeux, dans les circonstances graves au milieu desquelles nous vivons.

Que diront nos juges lorsqu'ils liront ceci :

« La France avait traversé soixante années de bouleversements successifs. Tous les systèmes de gouvernement avaient été mis à l'épreuve; tous les hommes éminents du pays avaient apporté le concours de leur génie, le sacrifice de leur existence à l'organisation politique de la France; enfin, le gouvernement démocratique était sorti de toutes ces luttes, et l'Assemblée nationale fit appel au suffrage universel pour donner à la République un chef, le plus digne entre tous.

» Eh bien ! dans cette circonstance suprême, les esprits sérieux, sensés, furent contraints de se préoccuper des chances d'un escamotage électoral qui ne pouvait réussir qu'en s'appuyant sur la duperie ou sur l'ignorance. »

Et ce serait dans ce moment que les hommes qui exercent une influence légitime sur les populations, se réserveraient, se tiendraient à l'écart, ne trouveraient pas assez de désintéressement personnel pour sauver le pays !

Ce serait dans ce moment que les hommes d'État pour qui la carrière de l'avenir est ouverte, si le présent leur est fermé, s'abstiendraient ! Quand il s'agit de fonder en France ce gouvernement démocratique qui est devenu ce que l'intelligence humaine veut qu'il soit, l'expression de la volonté générale; quand il s'agit de placer à notre tête, non pas un maître, mais un représentant sérieux, honnête, connu par ses antécédents, estimable par son caractère, n'est-il pas du devoir de ceux qui ont accepté le mandat populaire de ne pas rester indifférents à cette question décisive de la présidence?

Une telle indifférence serait la négation, la

plus absolue de tout patriotisme. Nous ne pouvons pas croire que M. Thiers, que M. Odilon-Barrot, refusent de se prononcer dans une occasion aussi solennelle. Les républicains modérés font appel à leur concours ; se réserver, c'est compromettre le présent, c'est abdiquer pour l'avenir. En vain donneront-ils pour prétexte de cette réserve, qu'ils ont été étrangers soit à l'établissement de la République, soit aux fautes commises depuis le mois de février. Élus par le suffrage de leurs concitoyens pour défendre la République, ils feront passer leur dévouement au pays avant le triomphe de leur ambition.

Ils donneront leur concours à l'homme qui a été porté sur le pavois du salut public, au milieu des événements les plus redoutables. Le général Cavaignac, comme nous le verrons plus loin, a conquis par une vie sans reproche, par une persévérance constante dans son opinion, par un courage héroïque, par une droiture inaltérable, par un désintéressement antique, le droit d'être élu président de notre République. Placés que nous sommes entre un devoir à accomplir et la certitude d'être couverts de ridicule aux yeux du monde, et d'être stigmatisés par l'histoire, nous ne devons pas hésiter.

Mais il y a plus : s'il est une logique dans le monde, il est impossible que la France soit destinée à livrer son avenir aux chances d'une nouvelle épreuve de gouvernement constitutionnel ou de gouvernement impérial.

Il est impossible que des esprits haineux, indifférents ou timides rêvent pour notre pays un retour vers le passé ; il est impossible que l'indécision des uns, les regrets des autres, l'antipathie des ennemis de la République, le servilisme de certains hommes pour qui l'esclavage est l'état normal, fassent reculer encore l'établissement définitif de notre démocratie.

En ce cas, l'avis le plus explicite, le plus sévère, le plus vrai, leur aura été donné. S'ils abandonnent leurs devoirs pour compromettre leurs droits ; s'ils ne soutiennent pas ce qu'ils ont accepté, et si la France perd encore, par leur faute, l'occasion de se constituer, les malheurs qui surviendront auront leurs causes connues. Les hommes qui auront compromis notre avenir sauront que c'est à leur refus de concours que le pays devra sa ruine.

La marche des temps l'exige : les hommes sages doivent concourir à organiser la République sur des bases durables et avec un esprit sensé.

Que l'on ne l'oublie pas: tout, en France, a été essayé.

En admettant même un triomphe provisoire, empire, régence ou restauration, tout cela produira l'incendie, le pillage et la ruine.

Hors la République, il n'y a pas de salut.

DE LA PRÉSIDENCE.

I.

Situation des esprits en Février.

Dix-huit années d'intrigues avaient épuisé la France officielle. Les institutions avaient classé le pays en deux camps : une majorité que les droits électoraux faisaient muette; une minorité chez qui le privilége de ces droits était frappé d'impuissance par l'abus de l'influence administrative.

Ce système avait eu pour principe fondamental de laisser venir les hommes qui se distinguaient de la foule par leur éloquence, leur habileté, leur science politique, mais dans le but unique de les user au maniement passager des affaires publiques.

La minorité des élus ne donnait au pays qu'un nombre très-restreint d'hommes supérieurs. Cependant, le roi, se prêtant parfois et en apparence aux exigences d'une majorité indécise, attirait successivement à lui les trois ou quatre chefs d'une situation formée par un incident et bientôt détruite par un caprice.

Les hommes s'usaient vite.

L'influence des cabinets qui se passaient le pouvoir de mains en mains diminuait chaque année ; et pour soutenir la monarchie sur une base factice, momentanée, la corruption était devenue le seul moyen de gouvernement.

La vie de cette monarchie constitutionnelle, compromise depuis une dizaine d'années, ne se prolongeait que par des expédients. Chaque oscillation ministérielle donnait une secousse électrique à un corps paralysé, et le gouvernement ne marchait que parce qu'il paraissait vivre.

Mais, depuis 1841, une sécurité fatale dut amener sa fin.

Ce serait une grande erreur que de s'imaginer

que la question de la réforme produisit la révolution de Février. Le germe de mort était dans le cœur des institutions monarchiques; et quand l'occasion s'offrit, l'indifférence de ceux qui vainement avaient prédit la chute de la royauté, résultat nécessaire de leurs désillusions, laissa faire les hommes qui, depuis bien longtemps, préparaient avec une ardeur incessante l'avénement de la République.

Quand on songe à la spontanéité avec laquelle le parti républicain mit en jeu les ressorts puissants de son organisation énergique, on est frappé de stupeur en comparant cette force, cette stratégie intelligente, à l'inertie confiante, au désarmement du parti monarchique; ou plutôt n'est-ce pas là le signe le plus manifeste de cette mortalité du gouvernement constitutionnel, forme illogique, incohérente, qui ne peut se soutenir que sur des étais vacillants, agir que par des ressorts factices?

Aussi, l'on s'en souvient, dès le lendemain de la révolution de Février, ce mot de *République* fut dans toutes les bouches. Les premiers actes du gouvernement provisoire, en effaçant tout d'abord les souvenirs sanglants de la Terreur, annoncèrent à la France une république sans l'échafaud ; à l'Europe, la conquête de nos libertés sans envahissement ; et les esprits sérieux, les hommes politiques qui veulent faire de la France une nation d'hommes et non une peuplade d'enfants ou d'esclaves, acceptèrent résolument la proclamation de la République.

Nous verrons plus loin par suite de quelles erreurs l'entraînement général fut ralenti, pourquoi la crainte remplaça la confiance. Examinons rapidement comment, de nos jours, par la force des choses, par l'impérieuse nécessité des temps, le gouvernement républicain est devenu, selon nous, la seule forme de gouvernement possible et durable en France.

Cette digression, courte d'ailleurs, nous paraît ici nécessaire pour établir un fait considérable, c'est que toutes les formes de gouvernement ont été mises à l'épreuve dans notre pays ; que toutes ont échoué ; que, seule, la République, *fondée sur le suffrage universel, gouvernée par une assemblée unique et par un président électif, n'a pas été essayée.*

II.

Que toutes les épreuves de gouvernement ont été faites en France. Du travail progressif de l'élément démocratique.

Pour se rendre compte de la situation morale et politique d'un pays, il faut examiner les phases successives qu'il a parcourues.

Une nation, comme un homme, a son caractère propre, son état; et ce fait n'est rien moins que l'élément impérieux, souverain, de son organisation définitive.

Par quelles combinaisons successives a passé l'état de la France? D'abord par l'esclavage; puis vient bientôt le servage, qui est l'esclavage atténué par quelques concessions. Les seigneurs, qui jouissaient de la plénitude de leurs pouvoirs, ont besoin d'appui pour les soutenir : c'est donc par égoïsme qu'ils amoindrissent leur puissance, et la suzeraineté sort de cette combinaison.

Evidemment, à cette époque, la lutte qui s'organise réserve dans l'avenir deux chances pour les classes inférieures : ou l'oppression, ou l'indépendance.

Que sont les affranchis, lorsque les seigneurs ont besoin de s'appuyer sur eux ? Ils ne sont d'abord que des instruments d'ambition : on ne les attire que pour triompher par leur secours; on ne les flatte que pour les retenir; mais en même temps on ne tient pas compte d'un élément dont la présence constante et souveraine deviendra pour la féodalité la cause de sa ruine : c'est l'intelligence humaine, ce levier de résistance dont la force augmente par le temps et par l'emploi que l'on en fait. Le vassal qui prête son secours personnel, et qui reçoit en échange un degré d'émancipation, se tient nécessairement pour averti de l'importance que l'on accorde à cet appui ; dès ce moment, le sentiment de l'égalité germe dans son cœur.

Cependant, avant que le droit eût sanctionné ce que le fait avait obtenu ou conquis ; avant que Louis-le-Gros eût octroyé la charte d'affranchissement aux communes, l'intelligence de la liberté ne pouvait être qu'un instinct. La carrière était circonscrite, l'obéissance était sa règle, par conséquent sa limite. Mais du jour où, par besoin, et non, comme on l'a dit, par concession, la royauté, se trouvant placée entre une féodalité rivale et une suzeraineté progressive et envahissante, ratifia le fait de l'émancipation en lui donnant la forme d'une charte d'affranchissement ; de ce jour, la COMMUNE FRANÇAISE devint le foyer de l'indépendance pour les classes inférieures.

En effet, les liens qui attachaient le peuple à la glèbe une fois rompus, la carrière est libre dans toutes les branches de l'intelligence humaine.

Sur l'arène qui a été ouverte à tous les hommes, les affranchis et leurs enfants ont rencontré les arts, l'industrie, le commerce, la science. L'état de dépendance a donc fait un pas ; le bien-être a rapproché ceux qui avaient donné leur dévouement en échange de quelques droits. Dès ce moment, il y a quelques signes de supériorité dus au travail de la pensée qui élève le niveau. Le prestige de la force matérielle faisait considérer les seigneurs comme des êtres privilégiés et d'une nature d'élite ; la surexcitation intellectuelle des travailleurs, que l'art et la science préoccupent, fait tout-à-coup naître le contraste ; et le légitime orgueil d'une supériorité morale jette la lumière : l'ère de la domination intellectuelle commence. Dans l'armée, dans l'ordre judiciaire, dans les corps de métiers, le privilége s'introduit peu à peu ; alors, les seigneurs, ignorants parce qu'ils sont oisifs, ne peuvent faire équilibre à ce nouveau pouvoir que par le dédain. Cependant le tiers-état a posé sa base, et l'armée, dont la royauté demandait l'appui matériel, s'est anoblie. C'est par l'alliance du tiers-état avec la couronne que la puissance féodale est définitivement vaincue.

La royauté, triomphante sous Louis XI, a donné le premier exemple de l'astuce et de l'égoïsme, si naturels au cœur humain, dans le succès.

Si l'on suit attentivement le travail qui s'opère dans la société française jusqu'à Louis XVI, on remarque l'abus du triomphe, et l'essai continuel que tente la royauté pour affaiblir ceux-là mêmes auxquels elle doit l'autorité. Forts de l'adhésion de ces classes inférieures qui s'est traduite par un terme d'invention nouvelle, *la popularité*, les rois cherchent à renouer les liens que Louis XI a rompus avec une noblesse qui n'a plus qu'une autorité de richesse et de nom. La vanité enfante les distinctions. Le seul moyen qui permettait aux masses de présenter au souverain des réclamations de détail est déjà soustrait au peuple : les états-généraux s'assemblent rarement; l'absolutisme remplace la transaction de la monarchie avec le tiers-état.

Avant l'affranchissement des communes, le travail des familles féodales est simple, logique et grand. Se sentant l'égal du roi, le chef de famille dédaigne ce qui lui est inférieur et lutte bravement contre son supérieur ; mais, la féodalité une fois défaite, il s'opère une transformation subite dans les rangs de la noblesse : la résistance se déplace et passe au tiers-état ; l'obéissance, la complaisance, la bassesse, telles sont les clauses de la transaction qui intervient tout-à-coup entre la noblesse et la royauté qui veut dominer à tout prix, et d'une façon absolue, sur le tiers-état et les parlements rebelles. Le contrat est formé.

Le roi s'appuie enfin sur une noblesse abâtardie qui s'est abaissée pour contenir et rendre muette une classe d'hommes libres, qui avaient été pour la monarchie sa sauve-garde et son instrument. La noblesse, qui ne pouvait conserver que haine ou mépris pour le tiers-état à qui elle devait sa déchéance féodale, ne demande pas mieux que de s'unir aux intrigues ou aux sévices de l'autorité monarchique. Elle y perd, sans doute, sa gloire, son sens moral, sa poétique domination; mais elle y gagne des honneurs, des richesses, une luxueuse servitude. Elle secouait quelquefois et elle imposait toujours à des vassaux les fers de la suzeraineté; désormais, elle subit les chaînes dorées de la cour. La monarchie, depuis Louis XI, n'a qu'un but: dominer. Elle y emploie tour à tour son adresse ou son énergie, la corruption ou la force.

La société française se compose alors de quatre grandes divisions distinctes : 1° la royauté, qui a réussi parce qu'elle s'est appuyée successivement sur les classes inférieures à qui elle donnait l'émancipation et l'affranchissement, et sur la noblesse vaincue, mais encore influente par ses richesses, et à qui elle donnait en compensation de sa dégénérescence des honneurs et des dignités, pour voiler sa défaite et sa honte;

2° La noblesse, qui n'a qu'une force impuissante, ses souvenirs, comme si la gloire pouvait jamais être un patrimoine et se transmettre comme un domaine. Elle brillait à la cour, et cet éclat lui faisait illusion au point de passer à ses yeux pour de la grandeur;

3° Les parlements : là se trouvait réservé l'avenir de la liberté. Sous forme de remontrances, ces conseils de la nation, dépositaires des droits, rappelaient à tous leurs devoirs. Ils rappelaient que la couronne, qui triomphait par l'intrigue et la force, était l'obligée de ceux qu'elle cherchait à vaincre. La monarchie avait été sauvée par le tiers-état, la noblesse avait été pour jamais réduite à l'impuissance; et si le triomphe de la première s'associait à la défaite de la seconde, cette coalition, faite pour irriter les classes inférieures, devait être pour celles-ci l'élément légitime d'une victoire isolée et définitive ; car il est évident que l'ingratitude de la royauté devait provoquer la guerre, et l'on n'attendait qu'une occasion pour que le problème posé fût résolu.

La lutte, commencée après la mort de Louis XI, compliquée d'une foule d'incidents nés des discussions religieuses, caractérisée par l'influence de la réforme, illustrée par les splendeurs du *grand roi* ; décidée par ses dilapidations financières, passa plus tard des mains des parlements qui la soutenaient sourdement, à celles des états-généraux, qu'il fallut assembler.

4° Enfin, le peuple, c'est-à-dire les bourgeois, les corporations, qui ne sont plus des esclaves, des serfs, des vassaux, mais qui font partie d'une nation qui va bientôt revendiquer son droit.

Nous disions tout à l'heure que c'était dans le sein des parlements que se cachait l'indépendance : c'est qu'en effet en 1788, alors que Louis XVI, effrayé de la situation imminente qui annonçait la banqueroute, se décidait à les consulter, le parlement de Paris rendait un arrêt par lequel il déclarait : « que la France est une monarchie gouvernée par le roi, *suivant les lois,* et que de ces lois, plusieurs qui sont fondamentales embrassent et consacrent : 1° le droit de la *maison régnante* au trône, de mâle en mâle, par ordre de primogéniture ; 2° le droit de la *nation* d'accorder librement des subsides par l'organe des états-généraux *régulièrement convoqués et composés* ; 3° les coutumes et les capitulations des provinces ; 4° l'inamovibilité des magistrats ; 5° le droit des cours de vérifier dans chaque province les volontés du roi, et de n'en ordonner l'enregistrement qu'autant qu'elles sont conformes aux lois constitutives de la province ainsi qu'aux lois fondamentales de l'État ; 6° le droit de chaque citoyen de n'être jamais traduit en aucune manière pardevant d'autres juges que ses juges naturels, qui sont ceux que la loi désigne ; 7° le droit, sans lequel tous les autres sont inutiles, de n'être arrêté par quelque ordre que ce soit, que pour être remis sans délai entre les mains des juges compétents; protestant ladite cour contre toute atteinte qui serait portée aux principes ci-dessus exprimés.»

Cet acte, très-explicite dans ses termes, ne laissait aucun doute sur les droits de chacun. Bien que la nécessité imposée à la monarchie de s'appuyer sur l'assentiment général fût le principal mobile qui fit alors reconnaître les droits du peuple, ce second affranchissement des communes fut plus impérieux encore que celui du XIIe siècle.

Évidemment, un pareil décret renfermait l'avenir d'une révolution. D'ailleurs, il en est des choses politiques comme des choses naturelles, il faut que le désordre disparaisse; et, en 1788, la confusion était extrême.

Si la société était divisée par compartiments, par classes, ce n'était là qu'un ordre apparent. On avait beau, dans les cérémonies publiques, conserver la forme dans l'étiquette; la confusion la plus extrême régnait partout. Il n'y avait entre les hommes d'autres lignes de démarcation que celle de la vanité; mais cela ne constituait aucun pouvoir réel.

La noblesse *présentée* ou *non*, la noblesse de robe, la noblesse d'office, jouissaient à des degrés divers des faveurs ou de l'autorité que le prince conférait ; mais ces distinctions, qui ne reposaient que sur une pensée de tradition, devenaient de plus en plus puériles ; et comme les richesses diminuaient par la dilapidation et les désordres; comme le courage réel s'éteignait pour ne faire place qu'à une forfanterie de parade, tout s'affaiblissait ou ne servait qu'à inspirer aux classes inférieures le sentiment de leur dignité et de leur force contre les privilégiés impuissants d'une aristocratie dissipée et méprisable.

Ainsi, d'une part, le seigneur féodal, ce puissant primitivement élu de ses pairs ; ce héros que son courage avait fait le rival de son frère, le roi, était devenu, de père en fils, par une dégénérescence née de l'oisiveté, des vices ou de la vanité, le muguet ridicule et stérile de la cour ; et d'autre part, le serf, ce courageux travailleur, opprimé d'abord, puis serviteur dévoué, puis sauveur, et que son courage avait créé suzerain, était devenu le peuple, fort de son droit, fier de sa haute intelligence, digne enfin de prendre dans un jeu de paume la royauté qui se perdait, et l'autorité féodale ou religieuse qui, de nouveau, tombaient, pour avoir voulu partager la vanité d'un pouvoir toujours factice, malgré son éclat.

La valeur réelle reprit son droit, et la révolution française s'accomplit.

Or, depuis soixante ans, examinons, toujours avec impartialité, les progrès que la France a faits dans la carrière ouverte en 1789, à l'avènement nécessaire de la démocratie.

Et d'abord, il ne faut pas s'étonner des excès.

Evidemment, lorsque les formules féodales, nobiliaires, royales, furent remplacés tout à coup par ces trois mots évangéliques : *Liberté! Egalité! Fraternité!* les têtes durent un moment avoir le vertige.

D'une part, lassitude, corruption, abattement;

D'autre part, ardeur, probité, réveil.

La lutte n'était plus égale; et le triomphe fut trop rapide, trop enivrant, pour que tous ses vainqueurs fussent généreux. Le christianisme a eu ses martyrs ; la réformation, sa Saint-Barthélemy ; la révolution eut sa Saint-Barthélemy et ses martyrs. On peut déplorer les excès, mais il faut les comprendre. Le propre des hommes d'Etat à qui est confiée la haute mission de faire l'histoire, c'est de ne pas opposer aux partis exaltés la puissance d'une majorité brutale qui frappe sans examen, mais de les surveiller, de les contraindre à s'expliquer, pour les retenir s'ils contiennent dans leur système une solution favorable à l'humanité, ou pour les réduire en prouvant ainsi leur impuissance ou leur dangereuse hostilité.

La démocratie voulut jouir tout d'un coup et sans frein de son pouvoir. Elle avait été opprimée, elle se réveilla despote ; elle avait subi le joug, elle imposa la vengeance ; elle avait été sevrée de tout bien-être, elle chercha dans l'orgie du sang et de la débauche l'oubli de ses douleurs et de ses misères. Quelle arme pouvait-elle manier, si ce n'est la hache ? Sur quel trône pouvait-elle s'asseoir, si ce n'est sur l'échafaud ? Il faut que le cœur humain comprenne ces aspirations à la vengeance, ces folles joies de la victoire, cette ivresse qui est impérieuse vers le mal, comme l'enthousiasme dans le bonheur est impérieux vers le bien.

Cependant à ces crimes la main de Dieu réservait une expiation.

Cette expiation, c'est la série d'institutions, de droits, de constitutions, de chartes, que nous avons adoptés, changés, épuisés, appliqués, changés, repoussés, et qui, après soixante ans, nous ont nécessairement, d'une façon irrécusable, péremptoire, amenés à conclure que nous avons parcouru tous les degrés d'organisation politique, depuis l'esclavage le plus abject jusqu'à la démocratie la plus déréglée.

III.

De l'engouement du triomphe, après la Révolution de Février. Les excès amènent l'ordre.

MM. LEDRU-ROLLIN, LAMARTINE.

« Le caractère commun de toute la race gallique, dit Strabon, c'est qu'elle est *irritable* et folle de guerre, prompte au combat, du reste *simple* et *sans malignité*. Si on les irrite, ils marchent ensemble droit à l'ennemi et l'attaquant de front, *sans s'informer d'autre chose*. Aussi, *par la ruse*, on en vient aisément à bout; on les attire au combat quand on veut, où l'on veut, peu importent les motifs..... Leurs banquets ne se terminaient guères sans bataille :

La cuisse de la bête appartenait au plus brave; et *chacun voulait être le plus brave.* »

Évidemment Strabon avait la seconde vue sur 1848.

Tite-Live appelle les Gaulois... *Nata in vanos tumultus gens.* La parole n'avait pour eux rien de sérieux: ils promettaient, puis riaient, et tout était dit. (*Ridendo fidem frangere*, Tite-Live.) — Cicéron dit qu'ils remplissaient presque tous l'emploi de charlatans et de crieurs publics, *mercator et præco.* Enfin, dans le moyen-âge, on rappelait qu'ils aimaient de bonne heure à *gaber.*

Certes, il faudrait être de bien mauvaise foi pour ne pas retrouver dans ces portraits, si peu avantageux qu'ils puissent être, la véritable silhouette des Français du XIXe siècle ; et nous ne pouvons que nous sentir embarrassés du choix pour désigner à l'instant tels ou tels personnages politiques qui viennent donner raison à Strabon, à Tite-Live, à Cicéron et au moyen-âge.

Bien des gens, et je dis des plus sensés, ont été fort surpris le 24 février 1848, à quatre heures du soir, d'apprendre la proclamation de la République, qu'ils n'auraient pas cru possible à midi.

Irritables et *fous de guerre,* nous nous sommes tous sentis irrités de la résistance puérile et coupable de M. Guizot, et *nous avons tous marché droit à l'ennemi, l'attaquant de front, sans nous être informés d'autre chose.* Deux journaux, *le National* et *la Réforme,* qui depuis dix-huit ans (il leur faut rendre justice) ont voulu, cherché, demandé la République, profitant du décousu de la garde nationale, de son indifférence, ont proclamé la République; et nous nous sommes hâtés d'accepter la proclamation, tant la lassitude s'était emparée de nous sur toutes les tentatives fausses et stériles du gouvernement constitutionnel. Sans nous en douter, nous marchions pour la République sous le drapeau du *National,* qui *vint aisément à bout de nous ;* et même quand la République fut proclamée, quand la *cuisse de la bête appartint au plus brave,* voilà que l'on vit bientôt surgir de tous côtés, de tous partis, *les braves les plus imprévus,* qui, soit en s'y ralliant, soit en se révélant prophètes, firent tout au monde pour se faire accepter comme vieux républicains : si bien, que les triomphateurs réels, ceux qui avaient donné leurs preuves de croyance en la république, se mirent à faire immédiatement deux classes, les républicains de la *veille* et les républicains du *lendemain*; de sorte que déjà, et tout d'abord, le privilége fut consacré : nous ne fûmes plus *égaux* devant la République; l'égalité fut le premier mot effacé du drapeau de Février.

L'étonnement avec lequel les vrais républicains de la veille virent accourir vers eux une nuée de sauterelles dynastiques, porteurs de drapeaux plutôt rouges que tricolores, les irrita, et nous verrons plus loin ce que produisit cette irritation; toujours advint-il que le mot de *fraternité*, qui fait la base de toute république, fut à son tour profondément modifié.

Mais examinons ce qui se passa dans les rangs de la classe sérieuse et vraiment libérale de la nation.

Nous l'avons dit :

Les premiers actes du gouvernement provisoire inspirèrent au pays tout entier une confiance extrême.

Si, parmi les républicains du lendemain, se produisaient tout-à-coup des hommes dont l'adhésion n'apportait aucune valeur réelle à l'organisation de la République, ou des hommes qui pouvaient paraître suspects aux républicains de la veille, il est néanmoins irrécusable que d'autres, et en grand nombre, spectateurs fatigués du gouvernement despotique ou des roueries de nos deux chartes, acceptèrent très-franchement, très-énergiquement, la promesse d'une constitution républicaine.

Réaliser avec sincérité le gouvernement des affaires du pays par le pays; laisser à l'élection par le suffrage universel le soin de niveler les situations, de faire surgir le mérite, de garantir le choix par l'impossibilité matérielle de la corruption; n'avoir d'élément d'action que de grands moyens, et laisser tomber les petits moyens dans le mépris; écrire l'oubli sur le drapeau de la patrie, et pratiquer le pardon et l'assistance fraternelle; donner la main à la classe laborieuse; ouvrir la carrière aux véritables travailleurs, en leur laissant le soin de se débarrasser des oisifs; chercher, pour réaliser ce mot, l'*organisation du travail*, à donner à l'industrie et au commerce l'appui matériel qu'une révolution rendait indispensable; et prévenir les catastrophes financières qui allaient, en se précipitant dans le gouffre de la ruine, entraîner avec soi la perte de toutes les valeurs immobilières ou mobilières, et ouvrir ainsi les veines du crédit, d'où s'échappe le meilleur sang, le plus pur de la nation, le travail!

Voilà ce que les républicains du lendemain, qui ne demandaient à la République pour eux-mêmes ni fonctions publiques ni priviléges, mais qui lui demandaient la foi, la confiance; voilà ce que les républicains du lendemain crurent apercevoir dans les premiers actes du gouvernement provisoire: aussi s'empressèrent-ils d'offrir leur adhésion à l'établissement sérieux et honnête de la République.

Sans doute, cette adhésion vous paraît être un bien: vous y reconnaissez un gage de sécurité, vous y trouvez un grand élément d'espérance pour l'avenir.

Pas du tout : ce qui devait être un bien réel devint la cause de tous nos maux.

Voici comment :

Il y avait chez quelques membres du gouvernement provisoire un élément de discorde que l'on rencontre en toute chose humaine : l'égoïsme.

L'égoïsme est un sentiment qui détruit toute générosité : c'est l'instinct des âmes vulgaires ; et parmi les hommes qui nous gouvernaient provisoirement, il y eut des égoïstes. Mais comme ces égoïstes ne manquent ni d'esprit ni de jugement, voici ce qu'ils se dirent, logiquement, simplement, sans rien se déguiser à soi-même :

« Nous avons proclamé la République, nous voulons l'organiser, sans aucun doute ; mais nous voulons surtout en profiter. Les hommes qui ont quelque croyance, une foi quelconque, un sens droit et l'amour de l'honnête et du bon, vont applaudir à cette forme de gouvernement. Il y a dans le fait d'une révolution quelque chose d'audacieux qui n'entre pas dans l'âme de ces hommes : conspirer, préparer la bataille en même temps que l'on fait de la propagande, n'est pas de leur nature; mais, malheureusement pour nos appétits, ils sont depuis longtemps en possession de la confiance publique. Nous savons bien, nous, que cette révolution n'est pas seulement politique, mais sociale; nous avons vécu depuis vingt ans dans les souterrains de la conspiration républicaine; nous pouvons supputer le nombre des innovateurs; nous les connaissons tous, nous pouvons compter sur eux; mais il est très-certain que, seuls, nous avons le secret des trésors de patriotisme, de dévouement, d'intelligence, que recèlent ces souterrains où nous avons préparé le 24 février 1848. Qui pourra nous croire sur parole, et tout d'un coup, lorsque nous viendrons imposer avec des principes que l'on connaît, des hommes que l'on ne connaît pas? Qui pourra se mettre à applaudir avec tout l'éclat, tout l'enthousiasme, toute la foi que nous y mettons, ces illustres paladins inconnus au monde officiel, chevaliers noirs de la République rouge?

» Évidemment peu de personnes. Le pays, tel qu'il est actuellement organisé, c'est-à-dire tout bonnement, les trois cent mille électeurs de ce féodal système des lois de 1831 ; les généraux, colonels, lieutenants, soldats de cette armée ; les amiraux, capitaines, mousses de cette marine ; les conseillers, juges, procureurs, avocats de ces tribunaux ; les administrateurs de ces départements ; les receveurs, percepteurs, payeurs de ces finances ; les six cent mille membres de ces conseils généraux, d'arrondissement, de communes ; les quarante mille instituteurs primaires ; les quarante mille curés de ces paroisses ; les propriétaires de ces châteaux, de ces usines, de ces fermes, de ces chaumières, de ces maisons, de ces échoppes ; les organisateurs, actionnaires de ces chemins de fer, de ces industries ; tout cela (et qu'est-ce en vérité, que tout cela, à notre point de vue !), tout cela fera l'étonné, quand nous allons lui lancer à la tête des noms comme ceux de nos amis, le tout tiré de nos souterrains conspirateurs. Certes, voilà qui est fait pour nous surprendre, nous confondre. Comment le public, comment ces misérables quinze millions d'habitants, tous connus ou en état d'authenticité réelle, comment ne vont-ils pas immédiatement s'incliner, aussitôt que nous allons leur proposer pour les gouverner, les administrer, les percevoir, les juger, les remplacer au besoin, les *dépouiller fraternellement*, si l'occasion s'en présente, des noms que, nous, nous connaissons ; des noms comme ceux de nos amis. En vérité, on ne peut y mettre moins de bonne grâce ! Et, certes, c'est un bien vilain monde que ce monde officiel. Recueillons-nous ; voyons un peu ; avisons : quel sera le mode le plus expéditif pour arriver à nous entendre.... voire même à nous en débarrasser ? »

Pendant que ces hommes d'État, qui faisaient partie du gouvernement provisoire, se mettaient alors à réfléchir, quelques uns d'entre eux ne prenaient pas une attitude très-rassurante. On murmurait qu'ils se laissaient aller aux menaces les plus expressives contre ceux de leurs collègues qui s'étaient décidés à faire triompher, autant que possible, le bon sens et la loyauté ; cependant, d'autres républicains de la veille qui les connaissaient et qui passaient pour hommes de certaine expérience, les abordaient humblement et leur tenaient, non sans une certaine émotion, à peu près ce langage :

« Voyons un peu : veuillez examiner les choses avec patience. Vous êtes assez grands pour vouloir bien être de bon sens ; et puisque c'est à nous, à notre spontanéité, à notre caractère décidé, mettons, si vous le voulez, à notre courage, que nous devons l'établissement de la République, tâchons de trouver parmi les hommes énergiques et honnêtes du pays quelques partisans. N'effrayons pas ceux que nous désirons convertir. Ne prenons pas nos grands airs qui effarouchent. Soyons calmes, et écoutons un peu certains conseils qui ne nous retirent rien de nos mérites, et qui peuvent nous remettre dans la bonne voie... Voyons, citoyens !

» Que diriez-vous si l'on venait tout-à-coup sans autre forme de procès, bon gré mal gré, vous amener sans façon chez vous une quantité d'inconnus, sourds et aveugles pour vous, ramassés dans les estaminets, les carrefours, et... autres lieux ? Ne trouveriez-vous pas que le procédé serait quelque peu vif et violent, et ne vous fâcheriez-vous pas de cette entrée un peu brusque dans votre domicile? »

Malheureusement, ces paroles, pleines de bon sens, contrariaient certaines ambitions. Il est chez nous une passion qui domine les autres, c'est le goût de la popularité. Les applaudissements de la foule, les flots de l'émeute soulevés à votre voix, le hasard même, qui est à l'homme politique ce que le coup de dé est au joueur, le pouvoir, malgré les préoccupations qui vous y assiégent ; tout cela inspire les poëtes et les orateurs ; tout cela enfante les tribuns.

Il en est de plusieurs sortes.

La révolution de Février produisit deux tribuns : M. Lamartine et M. Ledru-Rollin. Je ne crois pas me tromper en leur annonçant ce que l'histoire impartiale leur dira.

Tous deux avaient un grand rôle à jouer. Jamais un peuple ne se montra plus prompt à l'admiration, plus disposé à l'indulgence, plus apte à la générosité, que la France à l'égard de ces deux hommes politiques.... mais, hélas !

M. LEDRU-ROLLIN.

Sans doute, l'un, depuis longues années, avait donné de son énergie des preuves constantes et continues. On le savait républicain. Il avait été souvent courageux et opiniâtre dans sa résistance. Le poste provisoire que la République de Février lui donnait était sa récompense légitime; et si quelques observateurs attentifs de la carrière parlementaire de M. Ledru-Rollin pouvaient lui reprocher quelques excès de tribune, ils faisaient à l'instant dans leur esprit la part des efforts nécessaires à une lutte aussi difficile, persuadés ou du moins espérant que la possession du pouvoir amènerait chez lui la règle à la place de l'élan.

Nous pensions que M. Ledru-Rollin, qui avait pu mieux que personne se rendre compte de l'abnégation, du courage, de la grandeur d'âme des classes ouvrières, ne chercherait pas à jeter au milieu d'elles des ferments de discorde, ne créerait pas des ateliers nationaux dans un autre but que celui de préparer des études pratiques sur l'organisation du travail, et ne formerait pas avec eux un corps de janissaires, au service d'une démocratie personnelle et non nationale.

Que l'on consulte les travailleurs réels, ceux pour qui la République est un véritable et légitime avénement; qui ne veulent pas trouver dans le progrès une arme de destruction, mais un degré de bien-être et un respect de soi-même et d'autrui; et nous n'hésitons pas à dire que, pour eux, l'homme qui a le plus sérieusement compromis la République, c'est M. Ledru-Rollin.

Il a mal servi son ambition, il a mal servi son idole, en employant l'effroi pour attrait, les émeutes pour moyens.

Le peuple, le vrai peuple des travailleurs ne s'y méprend jamais : il aime et soutient le vrai courage; il ne consent pas volontiers à servir de marchepied à une ambition sans intelligence pratique; sévère, rigoureux, quelquefois même inclément et cruel, il ne recule pas devant le danger, il se venge quand la vengeance est justice. Malheur à celui qui le flatte pour le tromper ! Celui-là prépare sa propre défaite par des promesses mensongères. Il peut bien encore rencontrer de la sympathie parmi les désœuvrés et les mécontents ; mais nous ne croyons pas à la persévérance de sa popularité, parce que la cause n'en peut pas être légitime.

Cependant, nous ne sommes pas de ceux qui ne mettent que de la passion dans leur jugement. Il faudrait récuser la plus belle de nos attributions morales, l'entraînement de notre âme, si fécond en grandes choses, pour ne pas comprendre tout ce qu'il y a de naturel dans l'orgueil qu'inspirent à nos yeux l'ambition et le succès. Le succès n'absout pas toujours ; mais les révolutions sont difficiles sans excès, et ceux qui veulent franchement un gouvernement démocratique ne peuvent méconnaître que l'on doit la République à l'audace et à la ténacité de M. Ledru-Rollin.

Avant 1848 il a persévéré, et en février il a proclamé. Nous regardons son élection à la présidence comme dangereuse dans les circonstances actuelles, mais nous sommes convaincus que pour l'avenir le flambeau de la vérité luira pour M. Ledru-Rollin; qu'il verra quelles erreurs il a commises. L'ancien membre du gouvernement, consolé de sa retraite provisoire des affaires par l'établissement de la République, ne cherchera pas plus son appui dans l'exagération du principe démocratique que dans les barricades de l'émeute. M. Ledru-Rollin sait bien que si l'échafaud politique est détruit; que si nous vivons dans un temps où la guillotine en permanence de Marat et les septembrisades de Danton ne sont plus qu'un effroyable et sanglant souvenir, il ne faut pas multiplier les guillotines et les septembrisades en plaçant l'assassinat à chaque coin de rue comme moyen de gouvernement.

A Dieu ne plaise que nous accusions M. Ledru-Rollin d'avoir armé volontairement les insurgés de juin; mais l'histoire lui dira que le système d'intimidation qui servait de base à sa politique a produit des excès dont il ne calculait pas lui-même les résultats.

On ne peut lui imputer à crime les massacres

de cette journée, la suspension de nos libertés, la mise en état de siége, les condamnations des insurgés, le deuil des familles, les rigueurs de la déportation; mais il est évident que tous ces malheurs on les doit aux promesses illusoires du premier ministre de l'intérieur de la République, comme on doit à ses malencontreuses et fatales instructions les désastres du commerce, la ruine de l'industrie, la suspension et la perte du travail.

Ces fautes de l'homme d'État doivent écarter ce candidat à la présidence. On ne peut être doué de tous les mérites; et, si nous reconnaissons à M. Ledru-Rollin un véritable talent de tribun, nous en appelons à ceux-là mêmes dont il brigue les suffrages : un président de république doit-il être un homme d'État; et M. Ledru-Rollin n'a-t-il pas fait preuve, à cet égard, d'une incapacité profonde et péremptoire?

Nous dirons plus loin, en nous adressant aux socialistes, pourquoi nous les conjurons de ne pas donner leurs voix à M. Ledru-Rollin; ils verront que nous ne sommes conduit à leur adresser cette prière que par des considérations purement démocratiques. En ce moment, nous en appelons au bon sens des citoyens qui font partie de ce que l'on appelle la république rouge : est-il possible de confier le premier poste de l'État à un homme coupable de tant d'actes d'une pareille légèreté ; ou bien veut-on détruire toute chance de fonder et d'organiser la République?

M. DE LAMARTINE.

Nous voudrions bien céder à notre entraînement : pourquoi faut-il que notre conscience se dresse au fond de notre âme pour imposer silence à notre admiration? Pourquoi sommes-nous assuré que ce qu'on va lire n'est que l'écho de la multitude? Et pourquoi sommes-nous convaincu qu'ici surtout, la voix de la multitude, c'est le jugement de Dieu?

Il n'est pas d'homme qui ait reçu du ciel une occasion plus éclatante de s'immortaliser, de placer son nom, non pas seulement à côté des noms consacrés par le génie des conquêtes,

César, Washington, Napoléon, mais à côté des noms les plus chers à l'humanité.

La politique aurait eu son Messie, son Christ sans calvaire, son Sauveur sans martyrs, si M. de Lamartine l'eût voulu! La République eût été immédiatement, sans secousse, sans émeute, grande et noble; elle fût devenue l'affaire des hommes honnêtes et progressifs; elle eût touché d'un doigt réparateur aux plaies sociales, rétabli le véritable caractère de l'égalité devant Dieu, inspiré le sentiment d'une fraternité sans humiliation, affermi la liberté, le libre exercice de la pensée et de la parole.

Il ne fallait pour cela qu'une volonté ferme de protéger les idées démocratiques, d'une main contre l'envahissement du désordre, de l'autre contre le mur d'airain, contre *la borne* de l'immobilité.

En vain M. de Lamartine croit-il nécessaire de se défendre dans sa brochure, dans le compte-rendu de ses *Trois mois au Pouvoir*, contre des accusations dont les honnêtes gens n'ont pas daigné se préoccuper un seul instant. Les faits sont là, pertinents, irrécusables, qui ne l'accusent ni de conspiration, ni de connivences criminelles, mais d'une faiblesse imprévue, inexplicable, sans aucun prétexte, et qui ne laissent à l'esprit inquiet qu'un refuge : c'est que ce poëte de génie, cet orateur merveille n'est pas un homme d'État.

C'est pour la France un immense malheur. M. de Lamartine n'est pas, comme on l'a dit, *la conciliation*. Car pour réunir il faut être une chaîne ; et pour que l'union soit solide, il faut que la chaîne soit forte. La force dans un homme d'État, c'est de savoir résister énergiquement aux erreurs et aux excès. Nous comprenons qu'après le 24 février, M. de Lamartine eût hésité à se voir le seul objet des hommages de la multitude. Il a trop de grandeur dans l'âme, trop de poésie pure et suave pour dépouiller un compagnon de gloire, et c'est là le beau côté de sa poétique nature. Mais, pourquoi le dissimuler? dans le maniement des affaires publiques, il faut savoir contenir avec fermeté ses amis quand le salut de la patrie est en danger, et ne pas craindre d'avouer une mésalliance, dans un moment de péril, pour se réserver plus tard, quand le calme est revenu, de s'isoler, de repousser la solidarité d'une communauté d'opinion que l'on paraissait avoir et que l'on n'avait pas.

Nous regretterons toujours pour la mémoire de M. de Lamartine qu'il n'ait pas eu le courage de son opposition à l'ardeur de M. Ledru-Rollin, son collègue, et qu'il ait attendu sa retraite pour désavouer des tendances dangereuses.

On a dit souvent de certains hommes qu'il est fâcheux de ne pas mourir à temps. Certes, nous sommes heureux de savoir M. de Lamartine en pleine possession de sa vie, en plein exercice de son éloquence magique; mais nous n'aurions pu lui reprocher de risquer ses jours non pas dans les rues de la capitale, quand l'émeute grondait, mais au sein du conseil, dans les délibérations du gouvernement, avant l'insurrection de juin, qu'un acte de vigueur de sa part aurait, sans aucun doute, prévenue.

Tous les actes politiques qui ont pour but la résistance à une force quelconque organisée et redoutable, mettent en jeu la tête de celui qui les exécute, et produit la guerre au sein des partis que de tels actes séparent ; mais si un homme d'État n'hésite pas, alors le danger public diminue en proportion du courage de l'homme qui se décide.

Le premier moment, c'est la terreur ; le second, c'est le salut. La terreur n'est alors, et presque toujours, qu'une émotion que la décision apaise : dans ces circonstances, rarement le sang coule.

Nous estimons que si M. de Lamartine se fût placé, comme homme d'État, à la même hauteur qu'il atteignait comme poëte politique, il eût arrêté dans son élan irréfléchi M. Ledru-Rollin lui-même ; il eût rallié autour de son drapeau la garde nationale tout entière, les socialistes honnêtes, les démocrates sincères, les réactionnaires convertis, les modérés tremblants, les légitimistes ralliés, c'est-à-dire la majorité du pays.

L'argent gaspillé des ateliers nationaux eût sauvé le véritable travail et la véritable industrie. La République, confiante, eût choisi d'avance son président, et l'insurrection de juin ne serait venue compromettre ni la République ni M. de Lamartine.

En ce moment, il se met à l'écart. Pour notre compte, nous lui savons gré de ce bon goût et de cette patience. Seulement, il est une démarche que nous oserions lui conseiller, si ce grand homme daignait écouter un conseil, de quelque obscure retraite qu'il lui fût adressé.

Quand l'émeute a grondé; quand le canon décimait nos frères, insurgés ou gardes nationaux, un homme a sauvé le pays, a sauvé M. de Lamartine lui-même, en rétablissant l'ordre : cet homme, c'est le général Cavaignac. Si M. de Lamartine veut sincèrement l'établissement de la République, une occasion lui est offerte de lui porter le concours de son désintéressement et de sa haute influence; c'est d'appuyer la candidature du général Cavaignac.

IV.

DES CANDIDATS.

Nous avons annoncé plus haut notre opinion sur la candidature des deux hommes qui, seuls, pendant quelques semaines, paraissaient destinés à se partager les votes du scrutin de la présidence.

Pour le moment, ces deux hommes sont en dehors des chances du succès. Nous insisterons ultérieurement sur les causes sérieuses de cette disgrâce, quand nous les placerons tous deux, avec d'autres concurrents dont nous allons parler, en présence du pays.

Deux concurrents nouveaux se présentent.

L'un, c'est le général Cavaignac; l'autre, c'est... puisque, en effet, la France paraît en ce moment atteinte et convaincue de cette fantaisie — c'est un des quatre ou cinq neveux de l'empereur Napoléon, le célèbre prince Louis-Napoléon Bonaparte. Nous ne dissimulons pas tout d'abord notre stupéfaction de voir que les chances de cette candidature nous menacent de faire passer la France par le ridicule pour arriver à une catastrophe. C'est là le seul motif qui nous décide à traiter une question que nous ne pouvions regarder comme sérieuse, croyant bien que la mémoire de M. Louis-Napoléon était à jamais enfouie dans la poussière de la *Gazette des tribunaux*.

V.

LE GÉNÉRAL CAVAIGNAC.

Parlons d'abord du général Cavaignac.

Nous disions, au commencement de ce traité, que le système de gouvernement du roi déchu consistait à user les hommes politiques qui l'entouraient. Il semble que la Providence ait voulu sauver de cette ruine calculée quelques hommes destinés à jouer un grand rôle dans notre révolution.

C'est, en effet, une circonstance assez remarquable que la terre d'Afrique ait servi non seulement à entretenir nos troupes pour la guerre en temps de paix, mais aussi qu'elle ait éloigné du spectacle et du jeu des roueries constitutionnelles ces généraux d'Afrique, qui apprenaient, loin de la France, à devenir courageux, simples et probes.

Nous devons ici un tribut d'actions de grâce à ceux de ces braves généraux morts tout entiers après une existence de résignation et de gloire ; et quant à ceux qui sont restés à notre tête, nous leur devons aussi des actions de grâce pour le contraste qu'ils nous offrent de leur politique droite et pure avec le souvenir des basses intrigues qui ont brisé le trône de Juillet.

Les biographes du général Cavaignac diront combien sa vie fut courageuse ; combien de faits honorables se groupent pour témoigner de sa probité et de son énergie.

Nous n'avons pas entrepris de raconter cette belle existence. Nous nous contenterons de signaler quelques faits pour prouver deux choses ;

1o C'est que le général Cavaignac fut toujours républicain ; et, 2o c'est qu'il a le caractère plein de résolution.

Le premier de ces arguments en faveur d'une candidature à laquelle nous croyons lié le salut du pays ne trouve pas de contradicteurs ; le second, qui peut en rencontrer, nous donnera l'occasion facile de détruire un préjugé qui ne peut soutenir un examen sérieux et impartial ; et si nous tenons à détruire cette erreur, c'est que nous croyons que précisément la qualité la plus caractéristique du général Cavaignac est la résolution dans sa volonté.

C'est par des faits que nous le démontrerons.

On sait que, né en 1802, fils du conventionnel, Eugène Cavaignac entra à dix-huit ans à l'École polytechnique. Il fut successivement sous-lieutenant du génie, puis lieutenant, puis capitaine, et fit, en 1827, la campagne de Morée. Jusqu'à l'époque de la révolution de 1830, Cavaignac ne dissimula en rien ses opinions démocratiques. En 1831, le premier manifeste républicain qui paraisse, le projet d'association nationale, est signé par Cavaignac, qui, par suite de son opposition au gouvernement de Juillet, est mis en disponibilité.

Cependant, en 1832, il rentre dans le cadre du service, et se trouve en garnison à Metz lorsqu'une insurrection éclate.

On connaissait les opinions de Cavaignac; et, donnant une fausse interprétation au genre d'appui que le jeune capitaine entendait prêter aux ennemis du gouvernement, on le mit à l'écart, le laissant à la caserne comme en état de suspision légitime, quand il était notoire que l'émeute n'était pas républicaine, mais qu'elle n'était organisée que par des fauteurs de désordre et d'anarchie.

Cavaignac se sent blessé de cette exception: il en demande l'explication, et, avec autant d'énergie que de réserve, de modération que de dignité, fait nettement sa profession de foi: « Il n'avait jamais confondu, il ne confondrait jamais les actes coupables devant les lois de tous les pays avec des manifestations politiques; il ne pactiserait jamais avec les attaques non contre un gouvernement, mais contre la société. » Le colonel feignit de ne pas comprendre les déclarations très-nettes et très-positives de son subordonné; alors celui-ci lui dit: « Posez-moi des questions par écrit, et j'y répondrai par écrit, car je veux qu'il ne reste aucun doute ni dans votre esprit ni dans l'esprit de personne sur la ligne politique que je veux suivre comme militaire et comme citoyen. » Le colonel posa ces deux questions : « Si le régiment avait à se battre contre les carlistes, vous battriez-vous? — S'il avait à se battre contre les républicains, vous battriez-vous? » Cavaignac, sans hésiter, écrivit au-dessous de la première question : « *Oui.* » Au-dessous de la seconde : « *Non.* » Certes l'on ne peut voir que le témoignage d'une grande décision dans ces deux premiers actes de la vie de Cavaignac.

En 1833, il fut envoyé en Afrique, où il passe toute sa vie, conquiert tous ses grades avec d'autant plus de gloire que la faveur ne vint jamais récompenser le frère de Godefroy Cavaignac et le capitaine républicain.

Nous ne le suivrons pas dans les mille occasions où il se distingue. Si l'on consulte les bulletins de l'armée africaine, il n'en est pas un seul où Cavaignac ne figure avec éclat.

On avait tant de confiance dans le sang-froid et la volonté ferme de ce capitaine, que le maréchal Clausel ayant besoin de former la garnison du Méchouar, dans la citadelle abandonnée de Tlemcen, ne put trouver une main plus ferme pour lui confier le sort de 500 volontaires qui partaient sous ses ordres pour une position continuellement exposée aux attaques et tout-à-fait isolée.

Une autre preuve de la confiance qu'inspirait la fermeté de son caractère, c'est qu'on retrouve plus tard le général chargé du commandement d'un bataillon d'infanterie légère, un de ces bataillons recrutés dans la population de nos prisons, et se composant d'une foule d'individus rebelles à toute discipline, souvent même à tout sentiment.

Quand la révolution de Février éclata, les vœux de Cavaignac étaient exaucés : la République était proclamée. Il était en Afrique. Bien que son entraînement dût lui inspirer le désir d'arriver en France, où le portefeuille de la guerre l'attendait, il voulut, avant de partir, affermir le gouvernement d'Alger, et le 17 mai, Cavaignac arrivait à Paris.

Un mois après, l'insurrection de juin éclatait.

Ici, nous devons nous recueillir ; car l'examen consciencieux que nous avons fait de la conduite du général nous paraît être une preuve évidente, la plus éclatante de toutes, de son caractère droit et ferme, de sa tendance à prendre une décision, à la condition d'une responsabilité complète.

Nous répondons ici aux hommes de bonne foi. Le général Cavaignac a rencontré des calomniateurs qui semblent n'avoir d'autre ambition que celle d'être les plus mauvais citoyens de leur pays; écrivains transformant leur plume en fusil d'insurgé; condamnés par leur faute et par leur orgueil à l'isolement; perdant jour par jour toute influence, et, fossoyeurs spontanés de leurs facultés stérilement merveilleuses, les enfouissant d'eux-mêmes dans le néant.

Parmi les membres du gouvernement provisoire et de la commission exécutive, se sont trouvés des hommes honorables, et que l'on a pu s'étonner de voir, depuis, opposés au général Cavaignac. Cela ne repose que sur un malentendu :

Lors de l'insurrection de juin, l'effectif des troupes à Paris n'était pas, comme on a pu le croire, au-dessous du chiffre de 60,000 hommes, dont la commission avait demandé la présence au ministre de la guerre.

En effet, il y avait :

22,000 hommes d'armes diverses,

25,000 hommes de gardes mobiles, et plus de

3,000 hommes de gardes républicains, gardiens de Paris, etc.,

sans compter la garde nationale. Mais là ne surgit pas la difficulté.

On se rappelle avec quelle confusion les pouvoirs étaient organisés.

Le ministre de la guerre recevait des ordres contradictoires de tous côtés. S'il eût obéi à toutes les demandes de troupes dans toutes les directions que chaque courrier lui indiquait, il eût perdu toutes les ressources dont il pouvait disposer.

Il ne put donc satisfaire à ceux des cinq membres de la commission exécutive qui, dans d'excellentes intentions, lui demandaient un appui nécessaire sans doute, mais impossible; car l'insurrection était, comme le disait, de l'Italie, un grand capitaine, un artichaut qu'il fallait manger feuille à feuille; et s'il eût cédé à ses obsessions sans nombre, il eût éparpillé sur toute la surface de la capitale les bataillons des défenseurs de la République, qui se fussent trouvés faibles partout, battus partout. Est-ce là de la trahison? C'était une question de stratégie et de salut.

Le résultat l'a prouvé; et pour nous, la conclusion la plus claire de tous ces faits, c'est que le général Cavaignac, loin d'être faible, loin d'être irrésolu, fut plein de décision. Seulement, il ne prend son parti qu'en homme d'honneur, c'est-à-dire au moment où il est investi de pouvoirs suffisants.

Prévoyant le danger qu'eût amené la division de ses troupes, il a résisté par la seule force de la nécessité à des demandes légitimes, mais imprudentes, et, fort enfin de la dictature militaire, il a prouvé que le pouvoir, remis tout entier entre ses mains, ne le faisait pas ambitieux, tout en le faisant résolu.

A nos yeux, les signes de l'indécision apparente qu'on lui reproche ne sont en aucune façon des témoignages de faiblesse. Les âmes droites et probes n'agissent qu'à raison du pouvoir légal qui leur est conféré. Nous savons qu'il est des gens qui abusent très-volontiers et très-légèrement du mandat qui leur est remis : cet abus n'est pas une preuve de force; c'est un abus de confiance.

Le général Cavaignac, qui pouvait, après les journées de juin, sauveur désigné, s'attribuer l'exercice d'une dictature que la France eût laissée entre ses mains illimitée et sans bornes, dans ce moment de péril, a préféré rester honnête, pur de toute ambition illicite; et, selon nous, le seul motif qui, parfois, l'ait retenu dans quelque circonstance où son caractère a été accusé d'indécision, c'est que le général s'est dit alors qu'il n'était porté au pouvoir que par un mouvement insurrectionnel; il n'était fort que de l'adhésion de l'Assemblée nationale. Sans doute, aux yeux des hommes consciencieux, la France entière adhérait à la décision de ses représentants; néanmoins, le caractère de Cavaignac a besoin de ne se trouver gêné par aucunes entraves; il faut à un front pur et honnête une consécration, un baptême solennels.

Nul doute que si le suffrage du pays donnait

au général la force imposante d'une grande adhésion, il ne mettrait au dehors une énergie toujours prête contre les factions, et qui n'aurait de limite que celle de ses devoirs envers la République.

Un dernier mot.

On a reproché au général Cavaignac d'avoir persisté dans ses anciennes liaisons, d'écouter volontiers des hommes qui ne donnent pas de garanties suffisantes à l'ordre.

Nous sommes étonné de ce reproche. Comment peut-on exiger d'un homme de cœur l'abandon immédiat de ses amitiés les plus précieuses, foyer de souvenirs honorables et douloureux?

N'était-ce pas, en outre, le meilleur moyen de contenir et de concilier?

La conduite du général, écoutant les conseils de ses amis, et refusant de les suivre; introduisant dans le maniement des affaires d'anciens adversaires politiques, que leur probité, que la confiance publique lui désignait, est encore un signe de sa loyauté aussi bien que de son énergie.

Nous croyons très-fermement que, dans les circonstances actuelles, personne ne peut mieux que lui préparer et assurer l'avenir de la République.

Son élection eût été certaine si le caprice d'un nom ne fût venu préoccuper les esprits.

Examinons à son tour le candidat fort imprévu que nous rencontrons à la suite de soixante années de révolution.

VI.

LOUIS-NAPOLÉON.

Nous sommes arrivé à un point de notre discussion plein de délicatesse et de péril. Nous l'aborderons avec une extrême franchise, sans aucune passion, ne désirant qu'éclairer les esprits, sans injurier un nom à jamais illustre, sans injurier une personne jusqu'à présent inconnue.

Nous voudrions surtout que le bon sens tout seul pût servir de guide au pays dans cette question, et nous n'aurions aucune crainte sur le résultat de cette candidature.

D'abord sur quels éléments s'appuie-t-elle ?

Évidemment sur un préjugé, sur l'ignorance

des habitants de la campagne, ou bien sur les mécontentements des ennemis de la République, désireux de rétablir, au moyen du désordre, l'empire ou la monarchie.

De deux choses l'une :

Ou bien Louis-Napoléon est un prétendant impérial, ou bien Louis-Napoléon est un républicain sincère.

Dans le premier cas, la France est-elle disposée à livrer sa fortune aux chances d'une guerre européenne? Veut-elle, en supposant même que l'empereur Napoléon sorte de son linceul, veut-elle recommencer la carrière des luttes, glorieuses sans doute, mais, hélas! sanglantes et stériles, qui l'ont déchirée et qui l'ont faite esclave? A-t-elle un seul fleuron de gloire à ajouter à sa couronne? Croit-elle que l'empire seul soit capable de lui rendre les quelques lieues de territoire qu'elle possédait avant 1815? et risquerait-elle volontiers le sang de ses enfants, son agriculture, sa fortune industrielle et commerciale, son repos, ses libertés, sa grande et noble propagande d'humanité, sur les chances plus que douteuses de stériles combats? Est-ce là ce que le suffrage de l'intelligence universelle veut décider comme le but, la fin, la conquête de soixante ans de bouleversement?

Alors, nous le déclarons hautement, la France se déshonore.

Elle était civilisée, elle devient sauvage; elle aspirait à la liberté, elle devient la proie d'un ambitieux, d'un despote.

Encore, si la France cédait à la séduction d'une gloire immense, si ce goût soudain de despotisme trouvait son élément et son excuse dans l'admiration d'un grand capitaine, illustré par l'éclat de victoires héroïques, nous pourrions déplorer la perte de nos libertés, mais nous ne verrions pas notre pays humblement incliné sous les fourches caudines d'un ridicule qui fai de son caractère la risée du monde entier.

Comment! parce qu'un homme porte le nom de Napoléon, cela suffit à la France pour le placer à sa tête! Parce qu'un homme est le neveu de l'*empereur*, cela lui donne le droit d'être le président de notre *République!* Si vous vous sentez si fort alléchés par le bonheur d'être esclaves, faites comme à Rome, nommez *César* l'homme à qui vous saviez la main la plus ferme, la volonté la plus despotique ; rappelez bien vite ceux que vous désigniez naguères comme étant nos oppresseurs : prenez M. Guizot, prenez même M. Hébert ; nommez-les-moi *Napoléon* ! et vous aurez du moins pour cet étrange caprice, le mérite d'un peu de logique. Mais choisir votre empereur parmi des jeunes gens porteurs naturels du nom de Napoléon, cela me paraît très-sérieusement la plus bouffonne des plaisanteries, puisque, d'ailleurs, il serait possible (ce qui n'est pas, comme vous le verrez plus loin) que ce Napoléon fût un farouche et rouge républicain.

Eh bien, dira-t-on, non, nous ne voulons pas d'empereur ; mais ce jeune homme dont le nom nous plaît beaucoup, et que nous désirons, à cause de ce nom, marier avec la République, nous le croyons en effet républicain.

Plus loin, je vous montrerai que vous êtes, à cet égard, dans une grande erreur ; pourtant, supposons un instant que vous ayez raison, et que Louis-Napoléon soit le modèle des démocrates.

Il faut convenir que vous êtes bien pressés.

Bien pressés de vouloir, à l'instant, sans lui donner le temps de faire ses preuves, l'investir tout à coup, lui, le premier, d'une magistrature que vous refuseriez à des hommes dont le républicanisme est notoire.

Mais patience; nous qui donnons notre vote avec connaissance de cause, nous avons voulu juger ce candidat sur ses actes et sur ses œuvres. Qu'a-t-il donc fait?

Comme homme d'épée, nous ne lui connaissons pas d'autres faits d'armes que les deux équipées de Strasbourg et de Boulogne.

Nous ne croyons pas nécessaire de rappeler ici ces deux épisodes du don-quichottisme impérial; nous renvoyons nos lecteurs au journal *la Presse* de 1836 et de 1840. On ne peut pas faire passer un homme par l'étamine du ridicule avec une puissance d'esprit plus sarcastique.

Comme orateur, nous regrettons de le dire, mais jusqu'à ce jour, le *prince* a donné la preuve, ou d'une grande incapacité, ou d'une extrême modestie. A cet égard, nous avons entendu une trop plaisante conversation pour que nous ne donnions pas ici un échantillon des moyens employés en faveur du *prince* par ses agents auprès des hommes peu éclairés, mais qui doivent faire nombre dans le scrutin.

Nous garantissons l'authenticité de cette anecdote.

Il y a quelques jours, dans l'embarcadère d'un chemin de fer, nous entendions prononcer le nom de Louis-Napoléon.

Nous nous sommes approché ; quelques femmes et quelques hommes *du peuple* se disputaient. Une femme disait à un de ces hommes : Ah ! tais-toi donc... ton Louis-Napoléon ! Comment, tu irais donner ta voix à ce *gamin-là*. (Nous demandons humblement pardon des termes textuels de cette conversation.)

— Eh bien ! pourquoi pas !

— Laisse-moi donc. On ne peut pas en tirer un mot. Depuis qu'il est là, il n'a pas seulement pris la parole !

— Tiens ! je le crois bien. Aussitôt que c't'homme veut parler, tous les représentants sont là à l'en empêcher *avec leurs couteaux* !!...

— Ah ! ah ! c'pauvre jeune homme !

Mais laissons ces plaisanteries, ne parlons pas non plus des promesses décevantes d'argent, de travail, dont on fait les frais à si bon marché, et qui ne produiront dans l'avenir sur les masses qu'un désappointement cruel.

Profitons des documents que Louis-Napoléon a bien voulu publier ou faire publier en son nom, et voyons comment le neveu de l'empereur comprend la République.

D'abord on se rappelle les fameuses proclamations *impériales* de Strasbourg et de Boulogne, l'aigle apprivoisé, c'est-à-dire le langage et le signe de l'empire.

Mais dans les *œuvres complètes* du prince (lesquelles tiennent dans un petit volume de 268 pages, comme celles de César, par exemple), nous trouvons des phrases comme celles qu'on va lire.

L'éditeur prend sur lui de nous avertir que le prince a pris rang parmi les *notabilités intellectuelles* de l'époque, et c'est pour cela qu'il livre au public les *rêveries* politiques de l'écrivain.

Il ne pouvait choisir un meilleur titre que ce titre de *rêveries*. . . . .

. . . .

Au reste, la première phrase, qui est, en matière de publication, ce que le *post-scriptum* est dans une lettre, l'expression du sentiment de l'écrivain, n'y va pas par quatre chemins, et nous y trouvons tout de suite l'énonciation pure et simple de l'opinion du personnage sur lui-même :

« L'époque où nous vivons, dit-il, est faite
» pour développer les facultés comme pour en-
» courager *tous les amours-propres*... »

Aveu naïf, quoique d'un français douteux.

Le premier emploi que fait le prince après cet aveu, c'est, aussitôt, de nous apprendre que les excellents principes de son oncle en matière d'absolutisme ne sont pas perdus, et que s'ils s'égaraient sur la terre, par suite des révolutions, on les retrouverait dans le cœur de son neveu. Écoutons-le, et voyons avec quelle intelligence de la République notre candidat à la présidence se présente à nos suffrages :

« Le malaise général qu'on remarque en Europe, dit-il, vient du peu de confiance que les peuples ont en leurs *souverains*. Tous ont promis, aucun n'a tenu. (Ceci n'est pas respectueux à l'égard du grand homme.) . . . . .

» Les despotes qui gouvernent le sabre à la main, et qui n'ont que leur caprice, ceux-là du moins ne dégradent pas l'espèce humaine ; *ils l'oppriment sans la démoraliser* (C'est consolant !) : *la tyrannie retrempe les hommes.* » (Ceci, prononcé le jour du serment à la constitution qui vient d'être votée, ne vous semble-t-il pas destiné à quelque succès ?)

Après cet éloge du genre impérial, le jeune prince poursuit : « Oui, le jour viendra, et peut-être n'est-il pas loin, où la vertu triomphera de l'intrigue, où le mérite aura plus de force que les préjugés, où la gloire couronnera la liberté. Pour arriver à ce but, chacun a *rêvé* des moyens différents ; je crois qu'on ne peut y parvenir qu'en réunissant les deux causes populaires : celle de *Napoléon II* et celle de. . . . . la *République.* » (Cela s'y trouve. Que dites-vous de *l'empire entouré d'institutions républicaines ?*)

Le reste du livre est à l'avenant.

Puis viennent quelques traités sur l'artillerie, dignes tout au plus de figurer parmi les notes d'un de nos élèves de l'école de Metz ; puis des *idées napoléoniennes* qui sont à la démocratie ce que le 18 brumaire était à la liberté, et qui reproduisent textuellement ce qui est dans le *Bulletin des lois* de l'Empire.

Enfin un court opuscule sur le *paupérisme* où nous n'avons trouvé rien de neuf, et que certes nous ne couronnerions pas si nous avions l'honneur d'être membre de l'*Académie des sciences morales et politiques*. Voilà les droits de Louis-Napoléon au gouvernement de la France.

Il est vrai que ce prince compte sur la crédulité et sur l'ignorance, seuls juges compétents de sa candidature.

Il est vrai qu'il flatte les idées républicaines en se taisant ; qu'il flatte les idées napoléoniennes en répandant par milliers le nom de son oncle l'empereur dans les chaumières de nos vieux soldats, qui devraient du moins s'apercevoir, sur le portrait du candidat, que Louis-Napoléon est l'homme de France qui ressemble le moins à l'empereur.

Il est vrai qu'il se sert de l'annonce, du prospectus, probablement de la commandite, pour faire de la France une large exploitation au profit d'intrigants ou de traîtres, et au préjudice d'un grand nom.

Déjà, nous assure-t-on, le prince républicain a ses *petits-levers*; déjà les dames d'honneur de l'ex-empire *défilent devant lui*, et il est si *simple*, disent-elles (ceci est historique), qu'il ne veut pas *que les femmes restent debout en sa présence*. Le bon prince!!!

Et voilà ce qui nous attend! Nous, qui désirons voir s'établir une République intelligente et honnête, nous serions menacés d'un pareil résultat!

Non; détruisons cette candidature, en rappelant à tous que, pour réussir, Louis-Napoléon est forcé de s'appuyer sur les ennemis de la République et sur les légitimistes, qui aspirent à fonder une restauration sur nos ruines.

Il trompe les républicains en leur promettant un monstre, l'*empire avec des institutions républicaines;* il trompe les vieux soldats, ces restes vénérés de nos anciennes gloires, en leur faisant croire qu'un nom c'est un homme, et qu'un médiocre écrivain ou un prétendant écervelé fait l'étoffe d'un grand capitaine; il trompe les honnêtes gens, en préparant l'avénement de courtisanes émérites, de soldats oubliés, d'écrivains dont il retrouvera les rigueurs, alors que, mis en demeure de les récompenser de leur appui, il reconnaîtra qu'ils se sont rendus impossibles au maniement d'aucunes affaires.

En un mot :

Si Louis-Napoléon est un empereur déguisé, la France n'en veut pas ; si Louis-Napoléon est le premier républicain du pays, le pays ne le connaît pas. La présidence d'une république ne s'obtient pas par surprise ; elle ne peut être que la récompense de grands services rendus, l'hommage du respect et de la confiance.

Qu'il parte ou qu'il attende !

VII.

Les Candidats devant les Socialistes et la République rouge.

De toutes les manies qui subjuguent l'esprit français, la plus ardente est la manie du drapeau.

Un mot crée un parti.

La république est à peine proclamée, que nous avons déjà une série incalculable de républicains, classés chacun sous un drapeau spécial : républicains de *naissance*, de l'*avant-veille*, de la *veille*, du *lendemain*, *socialistes*, *rouges* !... que sais-je ?

Quand donc consentira-t-on à se réunir sous un seul drapeau, le *drapeau français ?*

Quand donc s'inquiétera-t-on seulement d'employer politiquement et avec le guide le plus simple, le bon sens, le moyen d'assurer pour l'avenir le triomphe de ses principes, seul objet désirable pour un parti?

Du Socialisme.

Nous n'avons pas l'honneur d'être incorporé dans le socialisme; nous ne nous sommes fait inscrire sur les contrôles d'aucune société secrète, et nous ne voudrions pas plonger la main dans le sang, tirer derrière les barricades sur un prélat sans défense, ou assassiner lâchement un général qui vient en parlementaire se fier à la loyauté de ses ennemis

Mais si nous ne sommes pas socialiste, les principes d'une bonne politique nous commandent d'écouter des hommes qui exercent une influence évidente sur d'autres hommes.

Nous ne les regardons pas comme des insurgés et des assassins, uniquement parce qu'ils se déclarent hautement socialistes. Que le socialisme ait pour apôtre M. Cabet, M. Considérant, M. Pierre Leroux, Robert Owen, Feargus O'Connor ; qu'on donne à leurs systèmes les noms de communisme, fouriérisme, chartisme, etc., etc., nous ne nous croyons pas obligés de fermer l'oreille et les yeux ; de condamner sans entendre ; de répondre sans lire ; de ne choisir d'autre arme que le ridicule pour arriver à renverser un système, formulé en français, exerçant une influence réelle sur des hommes, comme nous.

Et cette impartialité même qui nous sert de règle constante ne diminue en aucune façon l'amour de l'ordre que nous ressentons au plus haut point, parce que l'ordre est le seul moyen d'améliorer la société, surtout si l'on est socialiste.

Or, nous le déclarons très-sincèrement :

Nous avons étudié avec une conscience religieuse tous les systèmes du socialisme. Le cadre de ce petit écrit ne nous permet pas de donner ici un développement que nous réservons pour une occasion prochaine ; sans doute nous ne trouvons ni dans le phalanstère, ni dans l'Icarie, ni dans les associations agricoles d'O'Connorville, l'élément de désordre dont on voudrait rendre personnellement responsables

les chefs ou les apôtres de ces écoles, mais nous leur soumettons à eux-mêmes cette simple idée pratique :

Reconnaissons volontiers que MM. Cabet, Considérant, Pierre Leroux, ne professent en aucune sorte l'assassinat, que leurs principes s'inspirent même de doctrines évangéliques : mais la civilisation, telle qu'elle est, avec ses formes, ne nous paraît pas pouvoir, en un instant, se modeler sur les règles absolues du socialisme, et si dans ses doctrines, souvent mal exposées, se cache quelque bien, on ne peut méconnaître que l'exagération, dans tous les cas, enfante toujours le mal.

Or, on ne peut briser d'un seul coup une société pour la remplacer par une autre, sans le faire au milieu du sang et des ruines : c'est là de l'exagération, et vouloir tout d'un coup appliquer même les saintes doctrines de l'Evangile ne pourrait se faire sans crimes.

Ce n'est donc qu'en permettant à la République de s'établir sur des bases durables que le socialisme pourra se produire, s'il y a quelque chose d'utile à l'humanité dans ses principes.

Il est très-clair que si le président de la République sort des rangs de la conspiration et du désordre, la France, livrée à la guerre civile, ne pourra que retomber sous la puissance d'un sabre. Non seulement, les socialistes perdront avec nous la cause de la liberté ; mais qu'ils tiennent pour certain que les moyens sérieux et honnêtes de faire connaître leurs doctrines leur seront pour jamais retirés.

Ce n'est pas à des combattants qu'est jamais réservé l'honneur d'organiser ; c'est à des hommes placés sur le terrain d'une discussion libre et pacifique.

Or, selon nous, pour les socialistes plus encore que pour les autres partis de la démocratie française, il est indispensable que le président de la République réunisse, comme le général Cavaignac, la probité qui attire la confiance, l'énergie qui la conserve, l'intelligence honnête qui aide aux progrès.

Nous nous adressons aux hommes qui, dans les rangs des socialistes, veulent faire triompher au sein de l'ordre, les idées progressives dont ils se sont faits les apôtres.

Si le président sort de leurs rangs, la crainte s'emparera des esprits, et les essais, les épreuves du socialisme deviendront impossibles, ou ne se feront que sur des ruines.

Si le général Cavaignac est nommé, le caractère de cette élection sera manifeste. La France voudra, dans sa personne, l'établissement d'un gouvernement démocratique ; et en ce qui concerne les socialistes, l'appréciation de leurs moyens deviendra possible sans danger.

Nous en appelons à leur bon sens. Que le général Cavaignac n'ait pas leur sympathie, soit ; mais je ne leur demande que l'intelligence de l'ordre pour obtenir leur suffrage en faveur de ce candidat.

L'ordre, qu'il représente, est le seul élément qui puisse aider à l'examen de toute cause.

M. Ledru-Rollin effraye ; M. de Lamartine n'est pas un homme d'État. La vie et le caractère du général Cavaignac offrent une garantie contre le désordre ; avec ce président, il sera permis d'imprimer au progrès une marche régulière.

De la République rouge.

Il est enfin un parti que l'on a nommé la *République rouge*. Ici, pas d'équivoque :

Quel est l'homme, quel est le citoyen d'une nation civilisée qui regarde les barricades comme les fortifications de la liberté, le fusil comme le conducteur de la civilisation, le sang comme le fleuve d'or de la fraternité ?

Faut-il classer parmi les partis sérieusement appelés à concourir à l'établissement de la République, au vote de la présidence, ces hommes indignes de ce titre, assassins, mutilateurs, incendiaires et pillards, qui se vengent d'avoir été mis au ban de la société ou au ban de la raison-humaine ?

Sont-ce là des républicains ?

Du jour où la majorité de ces hommes placerait à la tête de la France un des leurs, le pays ne serait plus qu'un bagne, et le suffrage universel un recensement de forçats ..

Passons.

Mais, parmi les démocrates qui ont été pris

les armes à la main derrière ces meurtrières de la république rouge, se sont trouvés des hommes désespérés et d'une nature énergique et loyale.

Pour eux, la révolution de Février était le terme des souffrances les plus atroces ; les privations de la misère, les douleurs de la faim, le déshonneur de leurs filles, un avenir fermé, la lèpre d'une immoralité sans remède, la mort sur un lit dépouillé, voilà ce que ces hommes avaient souffert pendant longtemps.

Je sais bien qu'il est des esprits tranquilles qui trouvent à cela une réponse toute simple : c'est le vice, c'est l'oisiveté qui leur a causé tant de maux !

Oh ! n'insultez pas à des misères courageuses ; hâtez-vous de reconnaître qu'il se trouve dans la foule des hommes heureux et des lutteurs infortunés ; ne craignez pas de dire que souvent d'immenses fortunes sont le résultat de vices splendides : que le jeu, que la honte, sont quelquefois le principe du bien-être, et que le courage, l'économie, l'honneur, viennent en vain lutter contre l'infortune.

Vous pouvez dire quelquefois avec une légèreté facile dans l'aisance, qu'il est bien fâcheux que l'*industrie et le commerce n'aillent pas*...; ajoutez sérieusement un fait grave, c'est que l'industrie et le commerce, *en n'allant pas*, plongent une foule de femmes, d'enfants et d'hommes dans un abîme d'horribles souffrances que vous ne connaissez pas.

Vous avez raison de dire que la propriété n'est pas un vol ! que la propriété est le résultat du travail... mais que répondrez-vous à l'homme honnête et courageux qui viendra frapper à votre porte pour vous dire que ses bras ont besoin de ce travail qui produit la propriété ; que vainement il est allé frapper à toutes les autres portes, et qu'il est sans pain ! Je vous entends : votre cœur, plein d'humanité, se soulève, tout ému d'un pareil langage.... et votre main cherche dans votre bourse ce que vous appelerez *l'assistance*... Que répondrez-vous à cet homme qui ne craindra pas d'appeler cela *l'humiliation*, qui demandera du travail et non pas une aumône, et qui, rentrant dans un misérable galetas, ne trouvera que des enfants nus, lui demandant du pain ! Ne comprendrez-vous pas alors ce malheureux travailleur, portant ses enfants, poussant sa femme aux barricades non pas de la République rouge, mais de la mort, et s'écriant : « Allez ! j'aime mieux vous voir tomber là que de vous voir mourir de faim. »

Eh bien, c'est à ces hommes mêmes que nous nous adressons. Quelques uns d'entre eux savent quel est l'homme qui leur parle, avec quel dévouement efficace nous nous sommes, depuis quelques années, voué à l'amélioration des travailleurs : nous les adjurons de consulter leur raison, leur intelligence et leur probité.

Le choix du président de la République peut avoir sur l'avenir de l'industrie et du commerce une influence décisive.

Si les travailleurs choisissent un homme qui soit le symbole de la terreur, que deviendront les chances de succès du commerce et de l'industrie ; et, dès lors, que deviendra le travail ?

La division de leurs votes peut amener la défaite de la République. Que les républicains qui s'égarent parmi les *rouges*, et qui veulent l'ordre dans la liberté, votent pour le général Cavaignac, et la République s'établira. Une fois établie sur des bases solides, le travail renaîtra; et ils auront ainsi, en sauvant la République, préparé les chances de leur bien-être.

La ruine de la République n'amènera que le pillage et non la fortune, l'incendie et non la lumière, le despotisme et non la liberté.

Un seul mot encore :

Je ne leur fais pas l'injure de leur parler du *prince* Louis-Napoléon ; ils n'ont qu'à se rappeler l'empire et ses coupes réglées de travailleurs pour affermir l'autorité d'un homme.

Que disent-ils de l'idée d'un *empire entouré d'institutions républicaines ?*

VIII.

Les Candidats devant les Légitimistes.

Si j'avais l'honneur d'être le descendant d'une de ces grandes familles qui disaient tout haut : *Mon cousin le roi de France*; si j'étais un Montmorency, un de Noailles, ou bien si j'étais un fils de ces preux de la Vendée qui s'agenouillaient si poétiquement, les armes à la main, au cri de *Dieu et le roi!* j'avoue que j'aimerais mieux prendre ma part de souveraineté nationale que de m'ensevelir vivant sous les cendres de mes rois et de mes aïeux, et errer dans un monde de tombeaux et de souvenirs.

Ne serait-ce pas une noble ambition que de

sentir autour d'un domaine jadis féodal, une population libre, éclairée et reconnaissante, qui viendrait apporter au descendant d'une noble famille un respect sincère pour la gloire traditionnelle d'un beau nom, et assurerait un dévouement intelligent au fils d'un ancien seigneur, devenu le protecteur et le frère des fils d'anciens vassaux, devenus ses concitoyens? Ne serait-ce pas une gloire digne des plus hauts faits d'armes, que cette croisade nouvelle, entreprise par les descendants de nos chevaliers contre les restes de la barbarie et de l'ilotisme? Ne serait-ce pas une noble conquête que celle de l'émancipation du genre humain; que cette charte d'affranchissement rendue au peuple des campagnes par les mains des légitimistes, franchises nouvelles accordées à de nouvelles communes?

Pourquoi donc cette abdication? Pourquoi ces illusions d'un avenir impossible?

Les légitimistes se trompent. Ils ne se rendent pas compte de la situation intellectuelle non-seulement du pays, mais du monde. Il semble que cette éternelle contemplation de leur fétiche monarchique les ait arrêtés en chemin, quand l'âme humaine marchait. On serait tenté de croire que c'est toujours la même chose ; que, depuis l'émigration de Coblentz, ils *n'ont rien appris, rien oublié.*

Auront-ils donc toujours des yeux pour ne pas voir ? Ne voient-ils pas qu'en rêvant la monarchie, ils perdent l'occasion de fonder une nation grande et forte? Pourtant, le plus beau rôle leur est dévolu : ils ont la richesse, la puissance territoriale, le respect des populations ; par eux les arts peuvent refleurir ; l'industrie, le commerce, l'agriculture, prospérer; pourquoi leur manque-t-il cette intelligence de la situation que devrait leur donner le langage explicite, impérieux, des révolutions?

Mais ils croient que la France se lassera de chercher ses libertés. Ils s'imaginent que le désordre n'aura d'autre fin que la monarchie du droit divin, et ils comptent sur le désordre.

Ils se trompent.

L'expérience du passé rend impossible un nouvel essai de la monarchie. Si, par hasard, la restauration s'opérait, que les légitimistes regardent pour certain que la France deviendrait bientôt un amas de décombres et un champ de deuil.

Les illusions de la légitimité s'évanouiraient comme la fumée de l'incendie qui dévasterait le dernier château de ces nobles familles.

Le flot populaire qui s'élève s'étendra sur tous ces obstacles. Le peuple veut être et doit être souverain ; et s'il ne trouve pas d'appui, de guide, parmi ceux qui tiennent entre leurs mains la puissance matérielle, nous sommes convaincu, et c'est pour nous une douleur ineffable, que le flot inondera tous ces pouvoirs factices pour y substituer un pouvoir brutal, que l'on eût fait grand par un concours loyal et intelligent.

Mais dit-on vrai ?

C'est au candidat *Louis-Napoléon*, *au neveu de l'*EMPEREUR, au descendant de l'*ogre de Corse*, que le parti légitimiste donnera ses suffrages !

Nous défions un seul partisan de ce gouvernement monarchique de nier ceci :

En voulant pousser au pouvoir le descendant

de l'usurpateur qui a chassé vos rois, vous annoncez au pays l'espoir de ce fait que vous nommez une transition. Ce vote est donc une menace, un défi jeté par vous à la démocratie française; c'est une conspiration. Prenez-y garde : il ne faut pas jouer avec le feu, surtout avec le feu de la guerre civile.

Nous n'espérons certes pas que le bon sens tout seul, l'expérience du passé, la marche des progrès de l'esprit humain, puissent rendre républicain le parti légitimiste. Cependant, nous faisons un appel à ses méditations sérieuses sur des résultats irrécusables. Si nous ébranlions un instant ses croyances, nous serions rassuré sur le choix qu'il ferait du président de la République.

Plus intéressé que tout autre parti au rétablissement de l'ordre, le parti légitimiste nommerait, par reconnaissance, le général Cavaignac, dont le courage a sauvé, dans les journées de juin, ses propriétés et ses personnes.

IX.

CONCLUSION.

C'est aux républicains modérés que nous nous adressons.

Nous n'avons mis, dans notre traité, de passion que pour la défense de la constitution à laquelle nous serons dévoués.

Quant aux personnes,

Nous ne connaissons ni M. Ledru-Rollin, ni le prince Louis-Napoléon, ni le général Cavaignac.

Si nous faisons des vœux pour ce dernier, c'est que :

L'EMPIRE, c'est la guerre civile et la guerre européenne contre le despotisme ;

LA RESTAURATION, c'est la guerre civile, c'est l'incendie et le pillage, puis après le despotisme ;

LA RÉPUBLIQUE ROUGE, c'est le rétablissement de la guillotine et puis encore le despotisme.

Si nous désirons ardemment l'élection du général Cavaignac,

C'est que personne mieux que lui ne représente :

L'ordre à l'intérieur ;

La paix vraiment honorable aux yeux de l'Europe ;

L'établissement sincère de la démocratie ;

L'étude consciencieuse des progrès, et l'avénement des classes déshéritées et souffrantes au bien-être, par l'extension du travail, le développement de l'éducation, la pureté des mœurs.

Nous redoutons l'empire ; nous savons ce que c'est que cet odieux mensonge de l'empire ou de la monarchie entouré d'institutions républicaines; le droit divin n'est plus; enfin nous désirons le progrès, mais non pas l'échafaud comme moyen de le réaliser.

La République selon la constitution nous paraît la seule forme de gouvernement possible; et c'est parce que nous croyons affermir la république que nous porterons à la présidence le général Cavaignac.

Hors la République, pas de salut!

ALEXANDRE LAYA.

TABLE.

www.ingramcontent.com/pod-product-compliance
Ingram Content Group UK Ltd.
Pitfield, Milton Keynes, MK11 3LW, UK
UKHW012238240726
13966UKWH00003B/1144